BARREAU DE POITIERS

ÉLOGE
DE
JEAN-MARIE PARDESSUS

DISCOURS
PRONONCÉ
A LA SÉANCE SOLENNELLE DE RENTRÉE DES CONFÉRENCES
DES AVOCATS STAGIAIRES

Le 14 janvier 1882

PAR

Georges PRÉVOT-LEYGONIE
Avocat à la Cour d'appel, Secrétaire de la Conférence

POITIERS
IMPRIMERIE GÉNÉRALE DE L'OUEST
RUE DE LA PRÉFECTURE.

1882

BARREAU DE POITIERS

ÉLOGE

DE

JEAN-MARIE PARDESSUS

DISCOURS

PRONONCÉ

A LA SÉANCE SOLENNELLE DE RENTRÉE DES CONFÉRENCES
DES AVOCATS STAGIAIRES

Le 14 janvier 1882

PAR

Georges PRÉVOT-LEYGONIE

Avocat à la Cour d'appel, Secrétaire de la Conférence

POITIERS
IMPRIMERIE GÉNÉRALE DE L'OUEST
RUE DE LA PRÉFECTURE.

1882

IMPRIMÉ AUX FRAIS DE L'ORDRE, PAR DÉCISION DU CONSEIL.

Le samedi 14 janvier 1882, à deux heures, l'Ordre des avocats à la Cour d'appel de Poitiers s'est réuni, en robes, dans la salle d'audience de la première Chambre de la Cour, pour l'ouverture de la Conférence des avocats stagiaires.

Étaient présents : M. Levieil de la Marsonnière, officier de la Légion-d'Honneur, bâtonnier de l'Ordre, présidant l'assemblée ; MM. Parenteau-Dubeugnon, Faure, Orillard, secrétaire du Conseil, Gassan, Normand, Druet et Pichot, membres du Conseil de l'Ordre ; Roblin et Barbier, avocats inscrits au tableau.

La barre était occupée par MM. les avocats stagiaires.

M. le Bâtonnier a ouvert la séance et annoncé la reprise des travaux de la Conférence.

M. Audinet lit une *Étude* de M. Rousselle, valablement empêché, *sur les opérations de bourse à terme, au point de vue historique, économique et politique.*

M. Prévot-Leygonie prononce un *Éloge de Pardessus*.

Après ces deux discours, M. le Bâtonnier annonce que le Conseil de l'Ordre a nommé secrétaires de la Conférence, pour l'année 1882 : MM. Pommeray, Audinet, Castex et Berlaud.

Il règle le service de la Conférence pour les séances ultérieures, fixées, suivant l'usage, au samedi de chaque semaine, à deux heures précises.

Il déclare ensuite la séance levée.

Poitiers, les jour, mois et an que dessus.

ÉLOGE
DE
JEAN-MARIE PARDESSUS

Monsieur le Batonnier,

Messieurs,

En 1853, il y a près de trente ans, mourait, dans une petite localité du Loir-et-Cher, « un des types les » plus accomplis des hommes de science des anciens » temps (1). » Sa grande notoriété dans toute la France, ses livres, ses travaux, ses relations avec les savants de l'Europe entière, les hautes charges qu'il avait remplies, les dignités qui couronnaient sa vie, usée pendant un demi-siècle au service du pays et de la science, on peut ajouter ses éminentes vertus, tout contribuait à grandir sa perte jusqu'aux proportions d'un deuil public. Les hommages ne lui manquèrent pas. A l'Institut, le secrétaire perpétuel de l'Académie

---

(1) Duranton, Notice sur M. Pardessus (*Journal de l'Instruction publique*, 27 juillet 1853).

des inscriptions et belles-lettres (1) retraçait, avec l'accent ému d'un ami, la vieillesse laborieuse de l'académicien disparu. M. Duranton, dans le *Journal de l'Instruction publique* (2), M. Demante, dans la *Bibliothèque de l'École des chartes* (3), payaient la dette de reconnaissance des savants et des professeurs, et les principaux organes de la presse quotidienne, interprétant les sentiments des magistrats, des avocats, des littérateurs, de tout ce que la France comptait d'hommes instruits, louaient à l'envi le grand citoyen qui venait de mourir.

Après trente ans, le silence s'est fait sur cette tombe. Le nom qui y est inscrit n'éveille plus d'écho dans la foule, et le mérite de celui qu'elle recouvre ne vit plus que dans le souvenir d'une élite restreinte. C'est la destinée de la gloire humaine que de briller d'un vif éclat, puis de pâlir et de s'éteindre.

Mais, puisqu'une bienveillante élection me charge de rompre aujourd'hui ce long silence et de rendre pour un instant la vie à celui qui fut à la fois magistrat, professeur et avocat, laissez-moi me féliciter de parler ici, devant un ancien magistrat, juge excellent des qualités qui conviennent à la magistrature, devant des professeurs et des avocats, dignes appréciateurs des gloires de l'enseignement et du Barreau, enfin devant une assemblée dont l'indulgente sympathie

---

(1) Naudet, Notice sur la vie et les œuvres de M. Pardessus. *Mémoires de l'Académie des inscriptions et belles-lettres*, XX, 1, 338-366).

(2) *Journal de l'Instruction publique*, 27 juillet 1853.

(3) *Bibliothèque de l'École des chartes*, 3ᵉ série, t. V.

encourage mon inexpérience à tenter l'éloge de Jean-Marie Pardessus, membre de l'Institut, chevalier de l'ordre de Saint-Michel, officier de la Légion-d'Honneur, membre de la Chambre des députés, professeur à la Faculté de droit de Paris, conseiller à la Cour de Cassation.

I

L'homme qui mourait chargé de tant de titres et d'honneurs naquit à Blois, le 11 août 1772, dans une honorable mais humble famille de la bourgeoisie. Son père était avocat au Présidial de Blois. C'est dans les premières années de cette existence, qui comprend trente ans de vie publique et une retraite de vingt années, qu'il faut chercher le secret de son admirable unité : les principes qui ont guidé l'enfance de Pardessus seront l'inflexible règle de la conduite de son âge mûr et de sa vieillesse.

La dévotion rigide de son père, son amour de l'ordre et de l'autorité, l'attachement qu'il avait voué sans discussion à la monarchie séculaire qui gouvernait la France, étaient de nature à tremper fortement l'âme de l'enfant, tandis que la tendre piété de sa mère lui communiquait déjà cette aménité pleine de charme qui, jusqu'à la dernière vieillesse, devait tempérer en lui l'austérité paternelle. Dans la maison des Oratoriens de Vendôme, collège alors célèbre, où il fut placé, les enseignements de ses maîtres ne furent que le développement de ceux qu'il avait reçus dans sa famille. Une fois ses humanités terminées, le jeune homme rentra dans la maison paternelle. Son père, effrayé de l'esprit de changement qui circulait à cette époque dans toutes les veines du corps social, et auquel les Universités n'avaient point échappé, voulut le soustraire à la contagion, et ne jugea pas à propos de l'envoyer à l'école de droit. Mais la science n'y perdit rien. L'avocat au Présidial de Blois avait été l'élève et l'ami de Pothier; se faisant le professeur de son fils, il lui transmit les leçons et les qualités maîtresses du grand jurisconsulte d'Orléans, en même temps que ses exemples imprimaient une marque ineffaçable sur ce jeune cœur, tout rempli des affections intimes du foyer. Sous cette direction à la fois savante et pratique, Pardessus formait son esprit à la science du droit, qui était depuis longtemps cultivée dans sa famille et passait du père au fils comme un précieux héritage. Dans ce paisible intérieur, où pénétraient à peine les bruits du monde, il contractait les habitudes de travail, de vie régulière et cachée, sans lesquelles on ne peut mener à fin de grandes œuvres, et son âme, au contact des vertus constamment pratiquées autour de lui, s'imprégnait tout entière de cette foi inébranlable, de cette délicatesse d'honneur et de ce vaillant courage qui, à l'épreuve des séductions de la faveur comme des défaillances de l'adversité, donneront à sa longue vie un caractère de force et de grandeur incomparables.

Mais, tandis que la famille de l'avocat au Présidial jouissait du calme et de la paix que procurent l'union des cœurs et la pureté des consciences, au dehors grondait l'orage qui allait fondre sur la France, et l'heure approche où ces humbles vertus, violemment arrachées de leur retraite, vont avoir à affirmer au milieu des épreuves leur indomptable énergie.

La révolution éclate. Échappé à la conscription, un des frères de Pardessus va rejoindre en Vendée l'armée catholique et royale; il devient aide de camp de l'héroïque La Rochejacquelin, et tombe mort en combattant sous les murs de Savenay. Lui-même, enrôlé dans la garde nationale mobilisée, est obligé de faire un semblant de campagne, et, quand il revient, il trouve sa mère morte de douleur et d'inquiétude, son père incarcéré à Orléans comme suspect, ses frères dénués de toute ressource et ne pouvant compter que sur lui pour leur donner du pain. Et ce chef de famille n'était âgé que de vingt ans! Il fallait cependant pourvoir à sa subsistance et à celle de ces êtres chéris dont il était l'unique soutien. La tempête qui avait renversé toutes les institutions avait emporté barreau et présidial; mais rassurez-vous, mes chers confrères, les procès n'avaient pas pour cela disparu de la surface de la terre : on plaidait encore sous ce régime d'universelle fraternité, et, si on ne pouvait plus se qualifier d'avocat, il était encore permis à ceux qui avaient des connaissances juridiques de gagner leur pain et celui de leur famille sous le titre de *défenseurs officieux*. Pardessus se mit en quête de gens qui, n'ayant pas été subitement illuminés par les torrents de lumière que prétendait répandre la Convention, eussent encore besoin d'avoir recours aux conseils de plus habiles qu'eux. Il portait ses dossiers à la prison de Blois, où son père avait été transféré ; on les parcourait à la lueur douteuse des fenêtres grillées, et, la vieille expérience du père guidant les efforts du jeune défenseur, les affaires n'étaient pas trop mal plaidées, les clients étaient satisfaits et la famille pouvait vivre. Voilà ses débuts dans la carrière du Barreau. Le chemin qu'il a suivi pour arriver au but que nous poursuivons est peut-être plus court que le nôtre; mais comme il est plus âpre, plus malaisé, plus périlleux ! Sous la conduite bienveillante et attentive de nos maîtres, nous contournons la montagne selon une pente modérée, en suivant des sentiers battus depuis déjà longtemps et éclairés par la doctrine et la jurisprudence : il l'a escaladée, pieds nus, à travers les broussailles, les épines et les précipices semés sur ses pas par une législation toute nouvelle, encore mal coordonnée, qui, bouleversant le sol sur lequel il cheminait, l'obligeait à s'orienter sur le champ et à se frayer un chemin à la sueur de son front. Et son guide était sous les verrous, et les nécessités journalières le pressaient, le talonnaient de façon à lui laisser à peine le temps de réfléchir ! Avouons-le, Messieurs, quand on réussit dans de telles conditions, on paie chèrement le succès.

Mais les soucis et les tracas des affaires n'étaient rien au prix des angoisses que lui causait la situation de son père. Il voyait sa santé dépérir chaque jour sous l'influence délétère de la solitude, de la tristesse et de l'air empesté des prisons. Que faire pour le soulager ? Et puis le suspect paraissait oublié ; mais pouvait-on toujours compter sur l'oubli ? Une sentence dictée par le caprice ou le hasard ne joindrait-elle pas cette tête si chère à tant d'autres qui avaient déjà roulé sous la hache ? Il fallait tenter quelque chose pour la sauver. A cette époque de terreur, où le mot de fraternité ne signifiait trop souvent que méfiance et soupçon, où la pitié semblait avoir déserté les âmes et où la prière, si touchante fût-elle, ne faisait parfois que hâter un arrêt de mort, toute démarche pouvait être périlleuse ; aussi, bien des gens peut-être auraient conseillé comme le parti le plus sage d'attendre en silence des jours meilleurs. Mais l'ardente affection du jeune homme, sa confiance dans la divine Providence lui inspirèrent une tout autre conduite : il résolut de se rendre à Orléans pour solliciter les autorités départementales. Auprès d'elles, il trouva, vous l'allez voir, un appui inespéré dans un sentiment traditionnel de notre ordre, dans cette confraternité qui s'émeut aux jours difficiles et fait oublier les plus profonds dissentiments. Dès les premiers mots de sa requête, le président du tribunal révolutionnaire l'interrompit brutalement : « Ton père » est un aristocrate ; on examinera, va-t'en !... » Mais un instant après, comme il suivait, la tête courbée par le découragement, les longs corridors du palais de justice, il se sentit frappé sur l'épaule. C'était le pré-

sident qui, d'une voix radoucie, lui dit : « Ton père
» est avocat, et moi aussi ; viens me voir demain matin
» chez moi. » Le lendemain, Pardessus emportait une
autorisation de soigner son père dans sa maison pendant quinze jours, et, la pièce ne portant pas de date, c'était la liberté indéfinie. Précieux souvenir du passé de nos annales, Messieurs, et gage des sentiments qui, espérons-le, ne cesseront d'animer les membres de notre ordre !

C'est alors que le jeune avocat commence à faire de rapides progrès. Le travail féconde les aptitudes de sa riche nature ; son savoir s'étend, son argumentation s'anime et se fortifie ; son éloquence prend une forme plus correcte, une allure plus vive, un ton plus élevé ; la pratique des affaires lui donne l'expérience et, avec elle, la sûreté du coup d'œil ; si bien que son cabinet ne tarde pas à devenir le plus fréquenté de tous ceux de Blois. Les clients savent qu'ils y trouveront des conseils éclairés, un zèle ardent pour la défense de leurs intérêts, un cœur généreux et vaillant pour compatir à leurs peines et les soulager. Quand la liberté commença à renaître en France, les royalistes, les émigrés, les prêtres non assermentés autrefois poursuivis, tous les persécutés, venaient frapper à la porte de Pardessus, comptant d'avance sur l'appui de la chaude et sympathique parole qu'il était toujours prêt à mettre au service de toutes les causes malheureuses, surtout de cette grande cause pour laquelle était mort son frère et pour laquelle son père avait souffert la prison.

Au milieu de ces travaux, dans l'enchantement des premiers succès, et sous la douce influence d'une jeune femme digne de lui, qu'il avait épousée en 1794, Pardessus commençait à oublier les chagrins de sa jeunesse, quand une nouvelle épreuve, plus cruelle que toutes les autres, vint fondre sur lui : après six ans de mariage, il vit s'éteindre celle qu'il espérait devoir être la compagne de toute sa vie. Pardessus plia sous le coup, mais ce ne fut qu'un instant. La foi le sauva du désespoir ; l'exemple de la sérénité de son vieux père que rien n'avait pu troubler, les caresses de ses enfants ranimèrent son courage, en lui rappelant les grands devoirs qu'il avait encore à remplir. C'est alors qu'il fit à Dieu une de ces promesses que le monde ne prend pas au sérieux, mais qui, pour une âme comme la sienne, sont plus sacrées qu'un engagement d'honneur, celle de garder soigneusement les abords de son cœur, afin que la place laissée vide ne fût jamais remplie, et que ses enfants pussent y retrouver le trésor d'amour et de sollicitude qu'ils avaient perdu. C'est une date décisive dans la vie de Pardessus. Les trois mobiles qui détermineront tous ses actes prennent définitivement possession de sa volonté ; désormais il est à Dieu, au roi, et à ses enfants !

II

En pénétrant dans la vie publique de ce travailleur infatigable, on est saisi d'étonnement et d'admiration, quand on envisage la longue perspective d'un demi-siècle de labeurs, le nombre et la diversité des œuvres qui la composent, les grands devoirs accumulés sur la tête de l'ouvrier, et, malgré tout, le fini et la proportion qu'il a pu mettre dans cet édifice colossal, grâce à la puissance du travail opiniâtre et à la conscience scrupuleuse qui a présidé au partage de son temps entre les exigences de l'enseignement, de la justice, de la politique.

Dès 1806, au milieu de ses nombreuses occupations d'avocat, il écrit un *Traité des servitudes ou services fonciers*. Notons ici un détail qui marque le début de plus d'une illustre carrière : aucun éditeur ne sut apprécier le mérite de ce premier ouvrage, et l'auteur dut réunir à grand'peine douze cents francs pour le faire imprimer. Deux ans plus tard, c'était un *Traité du contrat et des lettres de change* qui, de nouveau, révélait au public le travail de Pardessus, ses qualités de jurisconsulte et d'écrivain, et une aptitude toute spéciale pour l'étude du droit commercial, auquel son nom demeure encore si étroitement uni qu'il passe, à juste titre, pour un des fondateurs de cette science. Aussi, quand s'ouvrit, en 1809, un concours pour la chaire de droit commercial à la Faculté de Paris, chaire nouvellement créée et la seule qui existât encore en Europe, il consentit, sur les instances de son père et de ses amis, à se laisser inscrire sur la liste des candidats, où figuraient d'autres noms destinés à la célébrité, comme ceux de Persil, de Dupin aîné, et à prendre part à cette lutte mémorable, où de rudes assauts furent livrés et soutenus, et dont il sortit vainqueur, maître de la chaire qu'il devait illustrer pendant vingt ans, à travers trois révolutions.

Son enseignement lui a survécu ; on le retrouve dans ce *Cours de droit commercial* qui est le résumé de ses leçons, et dont six éditions successives ont sanctionné la valeur, comme dans les discours d'ouverture adressés à ses élèves au début de chaque année. Habile à résoudre les difficultés pratiques, interprète exact et fidèle de la loi positive, il s'élève au-dessus du simple commentaire, cherche les rapports qui unissent le droit commercial aux autres branches de la législation, monte plus haut, jusqu'à la raison naturelle du commerce et de ses lois, plus haut encore, jusqu'aux liens qui les rattachent au principe de toutes lois et de toutes choses. Le jeu des transactions commerciales lui devient si familier, que ses conseils sont partout recherchés et suivis ; il est en quelque sorte l'oracle des commerçants, et la ville de Marseille lui décernera le mandat de député en reconnaissance des services que ses enseignements et ses avis ont rendus au commerce. L'histoire, qu'il fouille avec passion, lui fournit des tableaux animés, où, à grands traits, il nous peint le commerce naissant, ses progrès, ses décadences, son influence sur la civilisation. C'est la plus haute philosophie qui l'inspire, quand il adjure ses élèves de ne pas considérer les lois dans les seuls rapports des intérêts individuels, mais de remonter à « ceux qui » lient tous les hommes envers le Dieu par qui la » justice est donnée aux rois et la sagesse aux ins-

» titutions (1) ». Ampleur de vues, sûreté de jugement, clarté d'exposition, telles sont les marques caractéristiques de cet esprit, admirablement doué pour l'enseignement.

Mais l'ascendant que son mérite lui donnait sur les étudiants se changeait vite, grâce au charme de son caractère, en affection presque filiale. L'appel nominal, cette menace débonnaire dont la Faculté use dans les temps de relâchement, n'entrait pas dans les habitudes de Pardessus. Cependant il y avait foule pour s'inscrire à son cours, qui n'était pas obligatoire, et, qui mieux est, pour le suivre. A ces élèves empressés autour de sa chaire, avec quelle générosité il distribuait, en même temps que les trésors de sa science, des conseils utiles et des exhortations salutaires! Il prêchait surtout le travail, les pensées fortes et élevées, le respect et l'amour de la religion qu'il voulait à tout prix inculquer à la jeunesse. Et plus tard, quand il en rencontrait dans le monde qui n'avaient pas oublié ses paternelles avances, sa joie se manifestait sous une forme naïve et touchante, comme lorsqu'au cours d'un de ses ouvrages, il remercie un jeune homme d'un service qu'il lui a rendu : « cet estimable jeune homme,
» écrit-il, qui avait bien voulu concevoir quelque atta-
» chement pour moi à l'époque où il suivait mon cours
» à la Faculté de droit(2). » N'est-ce pas le professeur dans toute la grandeur et la simplicité de son rôle ?

---

(1) Discours d'ouverture du cours de droit commercial (*Thémis*, t. IV, p. 151).
(2) *Collection des lois maritimes*, t. I, ch. ix.

Professeur, il l'était de cœur et d'esprit ; homme de science et de bon conseil, attaché à ses élèves par l'affection autant que par le devoir, modeste malgré la célébrité de son enseignement !

Il n'honora pas moins la robe de magistrat que celle de professeur. M. de Serre l'avait nommé, en 1821, conseiller à la Cour de Cassation. Ses titres, c'étaient ses importants ouvrages de doctrine, l'expérience qu'il avait acquise au Barreau, la dignité bien connue de son caractère. L'illustre garde des sceaux avait pensé avec raison que, par l'étendue de son savoir, la justesse de son esprit et la droiture de ses intentions, il était appelé à rendre d'éminents services dans cette haute juridiction, et que son nom, estimé de toute la France, ne pouvait qu'en rehausser l'éclat. Dans l'accomplissement de ses délicates fonctions, Pardessus devait tout naturellement reproduire un grand modèle: le chancelier d'Aguesseau. Séduit en effet par ce talent si riche, si original et si souple, également à l'aise sur le siège du ministère public et sous l'hermine de chancelier de France ; épris d'un caractère qui ne fait que grandir avec chaque dignité nouvelle ; doucement attiré par sympathie vers cette modestie, ces goûts de retraite et d'étude et cette paternelle bonté dont d'Aguesseau livre le secret à ses lecteurs assidus, il avait étudié sa vie, lu et relu ses œuvres, en les résumant pour son usage, et, comme pour acquitter une dette de reconnaissance, il en avait publié en 1819 une belle édition, enrichie de pièces échappées aux premiers éditeurs et d'un discours préliminaire sur la vie et les ouvrages du chancelier. Comment s'étonner qu'après ce commerce intime avec l'un des plus illustres représentants de l'ordre judiciaire, il ait gardé la forte empreinte de ses exemples : la passion de la vérité, l'amour du travail et de la justice, l'impartialité, l'indépendance, toutes les belles qualités qui forment depuis des siècles les titres de noblesse de notre immortelle magistrature ! Je ne parle pas de l'immortalité d'existence : toute chose périt ici-bas sous l'action du temps ou de la main des hommes. Mais l'immortalité de l'histoire, ne suis-je pas fondé à la revendiquer pour elle? L'an dernier, c'était Henrion de Pansey, dont l'imposante figure, évoquée par une voix encore vibrante dans vos souvenirs (1), venait ici même attester la grandeur de la Cour de Cassation ; aujourd'hui c'est Pardessus, marchant sur les pas du chancelier d'Aguesseau, et après lui les magistrats qui vivent sous nos yeux ; c'est le présent et le passé qui s'unissent pour témoigner que, malgré ses imperfections, inhérentes à toute institution humaine, la magistrature française laissera dans l'histoire un impérissable souvenir !

Représentant du Loir-et-Cher en 1815, nommé en 1821 à la fois par ses compatriotes de Blois et par les électeurs de Marseille, il opta pour cette dernière circonscription, qui lui donnait un témoignage spontané de sa confiance. Si nous le suivons à la Chambre des députés, nous le verrons à la tribune tel que nous

---

(1) *Éloge de Henrion de Pansey*, discours prononcé par M. Paul Mérine, secrétaire de la Conférence, le 15 janvier 1881.

l'avons vu dans sa chaire et à la Cour de Cassation : son talent ne faiblit pas, et, quant au caractère, c'est celui de toute sa vie. Chevalier sans peur et sans reproche de la vérité partout où il croit la reconnaître, il jette fièrement le gant à l'erreur, sans se préoccuper du nombre et de la valeur de ses tenants. C'est ainsi qu'un jour, impassible devant les interruptions et les murmures qui ont accueilli la loyale expression de ses idées sur le principe d'autorité, il soulève des tempêtes en lançant à la Chambre son jugement sur ce qu'il appelle « le dogme absurde et antisocial de la » souveraineté du peuple... » Mais je m'arrête, Messieurs, l'ordre des avocats ne fait pas de politique. Sa politique à lui, c'est le respect des lois, la défense des vraies libertés, la protection des faibles, le culte des nobles caractères, sous quelque drapeau qu'ils se rangent, et (vous ne me pardonneriez pas d'omettre ce privilége, le plus cher et le plus nécessaire de notre profession) l'indépendance !

Un ministre offrit un jour le titre de comte à Royer-Collard : « Comte vous-même, lui répondit le philo- » sophe moitié riant, moitié sérieux (1). » Tel était Pardessus, ambitieux de toute supériorité réelle, mais ne désirant pas les distinctions qui auraient pu avoir une apparence d'usurpation ; il avait, sans hésiter, refusé des offres semblables, et il souriait volontiers à l'idée qu'on l'aurait appelé le comte Pardessus ou de Pardessus, « lui fils de praticien, petit-fils de bon fer-

---

(1) Guizot, Mémoires pour servir à l'histoire de mon temps, t. I, p. 39.

» mier. » Naturellement timide et réservé, il ne s'affranchissait jamais, alors même qu'il traitait les sujets qui lui étaient le plus familiers, d'une certaine défiance de lui-même ; aussi était-il porté à estimer et à prendre pour modèle « ces jurisconsultes romains qui n'af-
» fectaient pas dans leurs écrits, ni sans doute dans
» leurs paroles et leur conduite, le ton tranchant de
» quelques légistes modernes (1) » ; et cette modestie, si simple et si vraie, donnait à ses cheveux blancs un charme qui attirait la bienveillance des vrais savants, comme la sympathie et le respect de la jeunesse, avide de ses conseils.

III

Ici, Messieurs, nous arrivons à une autre crise douloureuse de la vie de Pardessus. Nous sommes en 1830. Il vient d'être témoin d'une sixième révolution. Pour la troisième fois, il a vu s'écrouler l'antique monarchie à laquelle il était attaché par la foi de son enfance et la pleine raison de son âge mûr ; il a vu ses princes aimés et vénérés reprendre le chemin de l'exil. On comprend, sans que j'essaie de le dépeindre, le cruel déchirement que dut en ressentir cette âme tendre et loyale. Mais enfin ce qui est fait est fait. Si les vieilles institutions qui ont ses préférences sont détruites, la

(1) Mémoire sur l'âge dans la législation romaine (*Mém. de l'Acad. des inscriptions et belles-lettres*, t. XIII).

France est encore vivante, et elle a d'autant plus besoin du dévouement de tous ses enfants qu'elle sort meurtrie et affaiblie, en face de l'Europe menaçante, de la lutte intestine qui vient de la déchirer : que va-t-il faire ? Son devoir n'est-il pas de demeurer à son poste et d'y combattre pour la justice et pour la liberté ? Pour cela, que lui demande le pouvoir nouveau ? Oh ! rien, ou presque rien : un serment ! On sait bien ce que vaut un serment.

Ce n'est pas ainsi que Pothier, que d'Aguesseau, que son vénérable père lui ont appris à raisonner. Il refuse, sans hésiter, un serment qui, à ses yeux, aurait été une apostasie, et résigne toutes ses charges publiques, malgré les sollicitations d'amis illustres (1), malgré la fascination de la fausse gloire et les tentations de l'amour paternel, pour garder sans remords le culte du malheur, et pour léguer à la postérité un de ces exemples qui commandent l'admiration de tous les partis, surtout dans les temps troublés où la voie droite et ferme est plus difficilement suivie.

Il était alors âgé de soixante ans, et nul mieux que lui ne pouvait se rendre le témoignage d'avoir payé libéralement sa dette à sa famille et à sa patrie ; ne croyez pas cependant que sa retraite ait pour secret motif le désir d'un repos, mérité par un si long et si constant labeur. Dans la période de vingt-trois ans comprise entre cette date et celle de sa mort, Pardessus se propose d'imprimer huit volumes in-folio,

---

(1) MM. de Broglie et Guizot.

six ou sept in-quarto, sept mémoires pour l'Académie des inscriptions et belles-lettres, sans préjudice des productions accidentelles publiées dans le *Journal des Savants*, la *Bibliothèque de l'École des chartes*, la *Revue de législation* et les autres. Voilà des chiffres qui ont par eux-mêmes leur éloquence, et qui, mieux que tout commentaire, donnent une idée de cette prodigieuse activité.

Ses plans étaient faits longtemps avant qu'il se fût débarrassé des brillantes entraves de sa vie publique. Dès 1820, comme s'il eût prévu qu'un jour il aurait la liberté de se dévouer corps et âme à la science, il publiait le programme d'une « œuvre capitale, laborieuse autant qu'instructive, de critique habile autant que d'infatigable investigation, œuvre qu'il semblait réservé à un gouvernement d'entreprendre, à une compagnie savante de mener à fin (1) » : la *Collection des lois maritimes antérieures au* XVIIIe *siècle*.

Il s'agissait d'édifier un véritable Digeste des lois maritimes de tous pays, à commencer par l'Islande et à finir par la mer des Indes, en remontant du XVIIIe siècle jusqu'à ces temps reculés que l'histoire n'éclaire que de lueurs incertaines ; vingt siècles et la surface de la terre, telles sont les limites du sujet. Il faut scruter la Bible et les auteurs classiques pour reconstituer les usages des Phéniciens, des Carthaginois, des Juifs, des Égyptiens et des Arabes : les poètes, les orateurs, les philosophes ne donnent que

---

(1) Naudet, *ibid*.

des notions confuses sur les coutumes des premiers Romains, des Grecs et des autres peuples de l'Europe pendant les invasions des barbares ; ce n'est qu'avec la *lex Rhodia* et les Assises de Jérusalem que l'historien rencontre enfin des textes précis qui le conduisent jusqu'à un moment destiné à faire époque dans la législation maritime : les Rôles d'Oléron. Viennent ensuite les documents importants de la fin du moyen âge, puis les lois plus modernes de la Norwége, de l'Islande, de la Suède et du Danemark, de l'Allemagne et de ses villes libres, de la Russie, de l'Angleterre et des Pays-Bas, de la France, régie par la célèbre ordonnance de 1681, de l'Italie et de ses républiques fameuses, de l'Espagne, du Portugal, de l'île de Malte ; toutes ces nations, toutes ces villes sont interrogées dans leurs bibliothèques, et, quand l'Europe aura livré ses lois, Pardessus, dont le courage n'est pas à bout, s'engagera dans la mer des Indes pour recueillir les statuts de Malacca et de Macassar, avec des fragments du Code de Manou. Pendant vingt-cinq ans, cet immense ouvrage reste sur le chantier. Une circulaire du ministre des affaires étrangères, accompagnée d'un plan de recherches, est expédiée à tous les consuls de France, qui ont ordre de recueillir les anciens statuts des pays où ils résident. Les savants allemands, suédois, italiens sont consultés ; les ambassadeurs priés d'intercéder auprès des souverains pour la communication de manuscrits qu'un soin trop jaloux dérobe aux regards. Et après toutes ces démarches, quand les matériaux affluent de toutes les parties du monde, que de veilles pour les coordonner, pour en établir l'origine et l'authenticité ! que de savantes collaborations nécessaires pour débrouiller cette confusion de langues et traduire ces idiomes, parmi lesquels Pardessus ne connaît que l'anglais, l'espagnol et l'italien ! que de difficultés pratiques pour l'impression de ces six gros volumes ! Il fallut obtenir et faire exécuter la fonte de caractères spéciaux en langue *bongnie*, dont les types n'existaient pas à l'imprimerie royale. Voilà l'ouvrage de vingt-cinq ans ; mais qu'est-ce qu'un quart de siècle pour des travaux qui suffiraient à remplir toute une vie ?

Suivant la méthode de Bossuet, qui veut, « afin de » tout entendre, savoir le rapport que chaque histoire » peut avoir avec les autres, ce qui se fait par un » abrégé où l'on voie, comme d'un coup d'œil, tout » l'ordre des temps (1), » cette Collection de lois maritimes est couronnée par un *Tableau du commerce antérieurement à la découverte de l'Amérique*, revue grandiose où tant de législations, disparates dans la forme, unes dans leur objet, viennent se grouper, chacune à sa date et à son rang, où on voit l'humanité s'agiter à la poursuite du gain, et la Providence la mener à ses fins éternelles, en dirigeant ces forces inconscientes, pour les faire servir au développement progressif de la civilisation. Que dire du style, sinon qu'il n'est pas inférieur à la grandeur du sujet ? Que ne puis-je re-

---

(1) Bossuet, *Discours sur l'histoire universelle*, Avant-propos.

tracer les traits de caractère, qui, rompant la monotonie de ces pages savantes, révèlent à chaque instant la belle âme de Pardessus : sa reconnaissance pour ses collaborateurs, sa tendresse paternelle, fière de distinguer parmi eux son petit-fils, la délicatesse presque ombrageuse qui lui fait renoncer à louer un ministre, par crainte de paraître flatteur? Et sa modestie, voyez comme elle sort intacte de ces gigantesques travaux ! Après tant de difficultés vaincues, c'est l'indulgence qu'il demande aux savants en leur rappelant le vers du poète :

Non ignara mali miseris succurrere disco.

Il demandait l'indulgence, et il recueillit la gloire. Un siége à l'Institut, la haute dignité de président de l'Académie des inscriptions et belles-lettres, et la présidence du conseil de perfectionnement de l'École des chartes, marquèrent les dernières étapes de sa modeste et laborieuse vieillesse. A l'Académie, il fut ce qu'il était partout, un modèle, et M. Laboulaye a pu dire en parlant de lui : « C'est la gloire d'une com-
» pagnie que de posséder ces doux vieillards qui,
» étrangers par leur âge aux misères du jour, répan-
» dent autour d'eux le calme et la sérénité de leur
» âme, et sont, au milieu des générations troublées et
» inquiètes, comme la vivante image du travail, du
» devoir et de l'honneur (1) ! »

Il faut passer sur une foule de beaux ouvrages qui,

---

(1) Laboulaye, Notice sur la vie et les travaux de J.-M. Pardessus (*Journal des Débats* du 13 juillet 1853).

par leur nombre et leur diversité, échappent à ce rapide examen : travaux de science et d'érudition, où la hauteur de vues ne nuit point au détail, et où jamais une affirmation ne se produit sans être accompagnée de sa preuve, solide et discutée.

La *loi salique*, son antiquité, son importance dans notre ancien droit public, auquel Pardessus garde une sympathie peut-être mêlée de quelques regrets, les nombreux et difficiles problèmes qu'elle soulève, tentent un jour son esprit investigateur, et, comme il n'a pas coutume d'aborder une matière sans la traiter à fond, c'est un gros volume qu'il écrit sur une loi de deux ou trois feuilles, reproduisant *in extenso* huit rédactions différentes, qui sont comme les types des soixante-cinq manuscrits épars en France et à l'étranger, et imprimant à la suite de cette importante collation de textes quatorze dissertations sur les points les plus controversés, notamment sur la situation des Romains après la conquête franque, sur la nature de la terre salique, l'ordre des successions et l'application séculaire qui a été faite de ces principes à la dévolution de la couronne de France. Puis il poursuit des travaux au nom de l'Académie : la *Collection des Diplomata, chartæ, etc.*, que Bréquigny et Laporte du Theil avaient entreprise ; la *Table chronologique des Diplômes, etc.;* enfin les *Ordonnances des rois de France de la troisième race*, dont la collection venait d'illustrer Pastoret, et dont Pardessus recueillait le fardeau, comme le plus digne de continuer ce monument élevé à la glorieuse mémoire de la monarchie.

Tel est l'emploi de ses dernières années. A soixante-dix-huit ans, il fit paraître le tome XXI des Ordonnances, précédé d'une magnifique étude qu'il intitule simplement : *Essai historique sur l'organisation judiciaire depuis Hugues Capet jusqu'à Louis XII*. On y voit la féodalité grandir, puis décliner devant la royauté qui monte, et ses justices, lentement attirées, absorbées une à une dans les juridictions royales, souveraines et non souveraines, jusqu'à ce que « toute justice émane » du roi » ; l'origine des justices ecclésiastiques, nées de la confiance du peuple, leur grandeur et leur décadence. Tels sont les acteurs que ce vieillard octogénaire fait mouvoir d'une main ferme encore sur le théâtre de l'histoire, fouillant les documents les plus obscurs pour en tirer la vérité, brisant la monotonie de l'exposition par des récits pleins de vie, comme le procès de Jean Sans-Terre et la conduite du Parlement pendant la démence de Charles VI. Jamais ses qualités d'écrivain, sa puissance de conception, son amour de l'exactitude historique, l'intérêt des développements, la fermeté du style n'étaient apparus avec plus d'éclat que dans ce dernier ouvrage.

Mais ses forces sont à bout. Trois ans après, dans sa chambre de travail encombrée de poudreux volumes, Pardessus était assis entre deux jeunes gens : Adolphe Tardif, professeur à l'École des chartes, le collaborateur de ses derniers ouvrages, et Eugène de Rozière, son petit-fils, son élève et l'héritier de ses œuvres inachevées. Usé par les veilles et la maladie, tremblant sous le poids des ans, mais calme et sou-

riant dans la souffrance, il écoutait une lecture : c'était le discours qu'il adressait aux étudiants, en 1820, à l'ouverture de son cours de droit commercial. « Con-
» servez, leur disait-il, cultivez, accroissez par de
» nouvelles méditations les principes religieux qui
» vous furent inculqués dès vos jeunes ans : ils vous
» offriront un abri dans les orages qui menacent votre
» adolescence ; ils vous donneront dans l'âge mûr
» cette force d'esprit, cette constance d'âme qui font
» qu'on sacrifie tout au devoir ; ils ne laisseront point
» vos derniers jours sans consolations. » Digne couronnement d'une belle existence ! et touchant rapprochement que ces conseils, tracés pour fortifier la jeunesse, et venant, à trente-trois ans de distance, soutenir un vieillard dans le terrible passage de ce monde à l'autre vie ! On peut discuter les idées du royaliste ; mais devant cette dernière scène, comme devant deux ou trois autres de la longue vie de Pardessus, tout doit s'incliner, parce qu'il y donne le plus sublime spectacle que puisse offrir une vie d'homme, celui d'un grand caractère !

www.ingramcontent.com/pod-product-compliance
Lightning Source LLC
Chambersburg PA
CBHW060517050426
42451CB00009B/1036